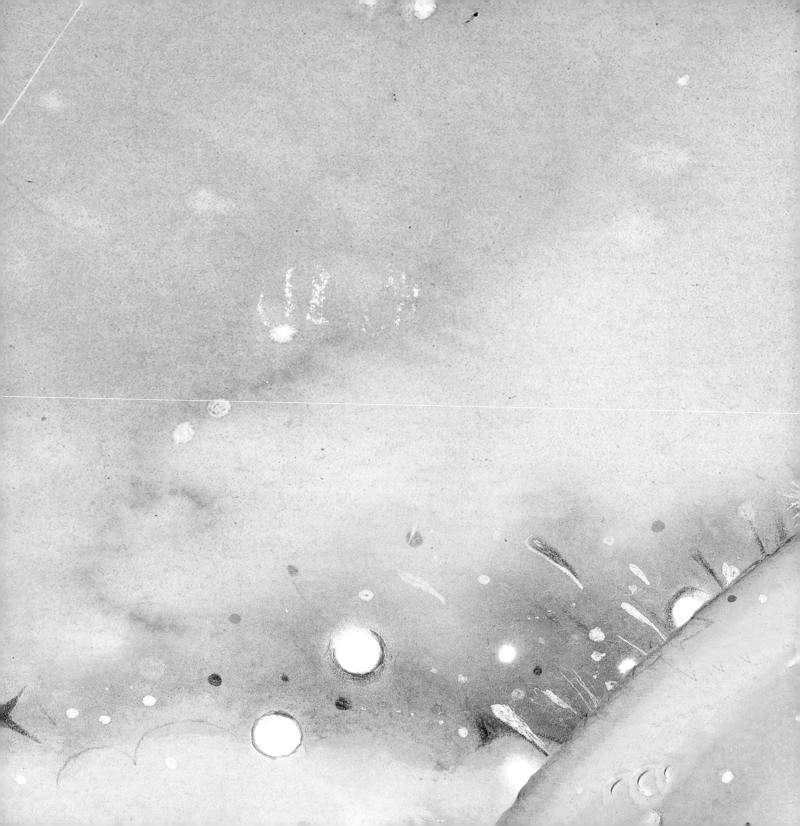

Ex libris

Aristizábal, Nora
    Viviendo el espacio / Nora Aristizábal ; ilustraciones
Patricia Acosta. -- Bogotá : Panamericana Editorial, 2006.
    36 p. : il. ; 22 cm. -- (Sueños de papel)
    ISBN 978-958-30-2388-0
    1. Cuentos infantiles colombianos 2. Espacio - Cuentos
infantiles 3. Viajes imaginarios - Cuentos infantiles
4. Historias de aventuras I. Acosta, Patricia, il. II. Tít. III. Serie
I863.6 cd 20 ed.
A1095522

    CEP-Banco de la República-Biblioteca Luis Ángel Arango

Viviendo el espacio

Editor
Panamericana Editorial Ltda.

Dirección editorial
Conrado Zuluaga

Edición
Mireya Fonseca Leal

Ilustraciones
Patricia Acosta

Diagramación y diseño de cubierta
Diego Martínez Celis

Primera edición, diciembre 2006

© Nora Aristizábal
© Panamericana Editorial Ltda.
Calle 12 No. 34-20, Tels.: 3603077 - 2770100
Fax: (57 1) 2373805
Correo electrónico: panaedit@panamericanaeditorial.com
www.panamericanaeditorial.com
Bogotá D.C., Colombia

ISBN 978-958-30-2388-0

Impreso por Panamericana Formas e Impresos S. A.
Calle 65 No. 95-28. Tels.: 4302110 - 4300355. Fax: (57 1) 2763008
Bogotá D.C., Colombia
Quien sólo actúa como impresor.

Impreso en Colombia   Printed in Colombia

Viviendo el espacio

Nora Aristizábal

Ilustraciones

Patricia Acosta

SUEÑOS
DE PAPEL

PANAMERICANA
EDITORIAL

Para
Martín y Juanita
dondequiera que estén.

Con sonrisas, entusiasmo y alegría,
Juanita el libro en sus trigueñas manos tomó.
Con asombro abrió sus grandes ojos verdes,
y fascinada en el cuento se metió.

Quería vivir el universo infinito,
lleno de grandes maravillas astrales.
Tocar el Sol, la Luna, las galaxias
y las estrellas,y ver luces y planetas
de colores naturales.

Decidió hacer un recorrido sideral,
por el espacio infinito, lugar de esplendor.
Sin embargo la niña tenía un problema.
¿Cómo haría para llegar hasta
ese mundo de emoción?
Concentrada Juanita empezó a pensar,
e inmediatamente mil ideas encontró.
Con su imaginación y su fantasía,
un maravilloso viaje la niña emprendió.

La niña dio un gran salto,
hasta una nube blanca
y suave como el algodón.
Se colgó de ella con todas
sus fuerzas, e hizo tiras
muy largas; y una gran
escalera de nubes trenzó.

Juanita comenzó a ascender
la escalera, por el inmenso espacio
hasta la estratosfera.
Cruzaba cometas y estrellas fugaces
en el firmamento, pero todo era tan
grande y desafiante,
que ella no sabía por dónde
empezar a viajar.

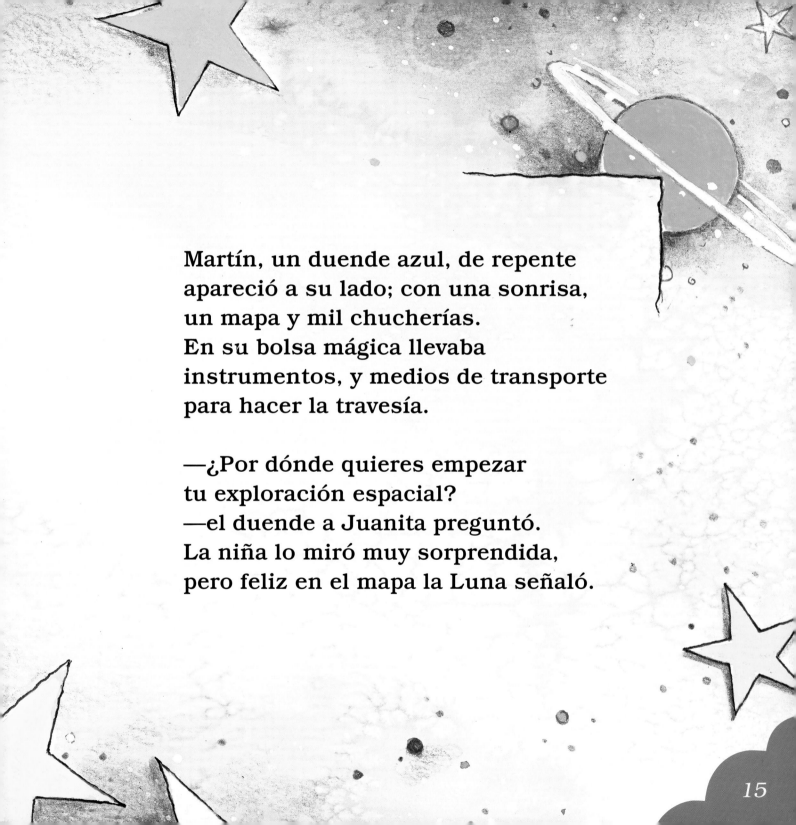

Martín, un duende azul, de repente
apareció a su lado; con una sonrisa,
un mapa y mil chucherías.
En su bolsa mágica llevaba
instrumentos, y medios de transporte
para hacer la travesía.

—¿Por dónde quieres empezar
tu exploración espacial?
—el duende a Juanita preguntó.
La niña lo miró muy sorprendida,
pero feliz en el mapa la Luna señaló.

Martín, el duende azul orientó la
escalera, y con la niña a la Luna se
dirigió. Se bajaron justamente en
un cráter, lleno de rocas y piedritas;
negras, grises y blancas.

La niña se arrodilló en el suelo,
y muchas piedras pequeñas cogió.
Armó con ellas mil figuras,
y una flor fue la que más le gustó.

Juanita le señaló el brillante Sol,
a su amigo Martín, el duende azul.
Ella quería visitarlo y descansar allí,
y disfrutar de los rayos solares.

También quería broncear,
su morena piel canela.
Extenderse, relajarse, asolearse
y gozar, del calor y la belleza solar.

19

Al llegar al Sol
encontraron una gran
superficie luminosa.
Tenía fuertes y largas
líneas de luz, para
calentar e iluminar de
forma esplendorosa.

Como estaban cansados decidieron
instalar en el Sol una hamaca y reposar.
Rotaron los rayos solares abriendo espacio,
para así la hamaca allí poder colgar.

Buscaron una estrella
pequeña, para que la
niña pudiera jugar.
Encontraron una muy
blanca y muy linda, con seis
puntas relucientes de brillar.

Juanita saltó de punta
en punta cantando:
—Una, dos y tres, brincaré re re;
cuatro, cinco y seis, ra, ra, ra,
saltaré, saltaré, saltaré—.

La estrella se movió girando,
y en uno de los saltos
Juanita se cayó.
Pero no le pasó nada,
pues con el duende Martín
en el arco iris aterrizó.

Entonces, decidieron el arco iris
escalar en bicicleta; subiendo entre
colores a lo más alto de la meta.
La ruta era parecida a un alto
de la Tierra; donde Juanita trepa
montando como una flecha.

Luego Juanita y Martín
el duende azul, bajaron
el arco iris rodando veloces.
Usaron como senderos,
todas sus líneas de
los colores.

Terminaron el recorrido en un
puentecito, localizado al final del
arco iris, donde el agua se convertía,
en una cascada de lluvia de fantasía.

Los hilos de lluvia recordaban
a la niña, a espaguetis colgantes,
su menú más especial.
Siguieron bajando, gozando
y rodando, y al planeta Marte
fueron a parar.

Al llegar, Juanita miró a todos lados,
volvió a observar y no lo podía creer.
El planeta entero era de color rojo,
y decidió cambiarlo de color antes
de empezarlo a conocer.

De la bolsa del duende Martín sacaron
grandes galones de pintura azul.
Y con largos pinceles empezaron,
a aplicar color y al planeta cubrir.

Mientras estaban pintando divertidos,
una tormenta de luces azules
y estrellas empezó.
Juanita se asustó, y un poco
sorprendida, abrió sus ojos
verdes y el firmamento
asombrada contempló.

El duende al verla tan aterrada,
un gran rayo de la tormenta agarró.
Lo cogió muy fuerte de un extremo,
y con él una escalera a la Tierra improvisó.

Empezaron a descender lentamente,
en medio del firmamento brillante y azul.
Juanita quería volver donde sus padres,
para soñar con ellos con esta fantasía sin fin.

33

Al otro extremo del rayo,
el libro de Juanita apareció.
Ella lo siguió leyendo,
pero feliz y cansada
muy pronto se durmió.

Nora Aristizábal

Es una enamorada de la literatura infantil.
Disfruta contando e inventando cuentos
y personajes. Al escribir se siente como
una niña y se mete en un mundo
fantástico para que los pequeños gocen,
sueñen y jueguen con sus historias.
Ella busca que cada vez que lean uno de sus
cuentos, a partir de un ejercicio imaginativo,
hagan parte de la aventura. Sus escritos son
en rima para que los niños los repitan,
reciten, canten e incluso memoricen.
Sus libros anteriores son cómicas historias como
La granja al revés, mágicos relatos como
La fiesta del mar y viajes a lejanos lugares como
La selva maravillosa.